사막 개미

김장배 시조집

목언예원

이 도서의 국립중앙도서관 출판예정도서목록(CIP)은 서지정보유통지원시스템 홈페이지(http://seoji.nl.go.kr)와 국가자료공동목록시스템(http://www.nl.go.kr/kolisnet)에서 이용하실 수 있습니다.(CIP제어번호: CIP2019045660)

사막 개미

지은이 · 김장배
펴낸이 · 민병도
펴낸곳 · 목언예원

초판 인쇄 : 2019년 11월 25일
초판 발행 : 2019년 11월 30일

목언예원
출판등록 : 2003년 2월 28일 제8호
경북 청도군 금천면 선바위길 53 (신지2리 390-2)
전화 : 054-371-3544 (팩스겸용)
E-mail : mbdo@daum.net

ISBN 978-89-94733-86-9 03810

저자와의 협의에 의해 인지를 생략합니다.
본 시조집은 울산문화재단 2019 시니어창작발표 지원사업의 일환으로 발간되었습니다.

울산광역시 ULSAN METROPOLITAN CITY | 울산문화재단 ULSAN ARTS AND CULTURE FOUNDATION

가격 : 10,000원

사막 개미

김장배 시조집

목언예원

■ 시인의 말

두 번째 시조집을 낸다.

시냇물의 낮은 음성,
살랑대는 바람의 몸짓,
길섶 들꽃의 미소…

고운 배경으로 곁에 와 주길 원했지만
욕심이었던 것 같아 부끄러움이 앞선다.

2019년 초겨울
김 장 배

CONTENTS

사막 개미

— 김장배 시조집

PART 04 | 종다리 숨은 보리밭 • 79

01 라일락 서툰 향기

신록

총소리가 울렸나
힘이 펄펄 넘친다

초록빛 유니폼에
반짝이는 저 춤사위

지난 날 푸르던 한 때
나의 꿈도 신록이었다

매실을 따며

하늘을 닮으리라 초록초록 영글던 꿈,

저만치 내려놓고 노을빛 머금었네

내 소풍 끝나는 날에도 저리 곱게 물들까

해바라기

저리 꼿꼿 목을 빼고
누구를 기다리나

얼마나 애가 타야
얼마나 더 그리워야

온몸이 사리가 되나
살아서 사리가 되나

어느 봄날에

라일락 서툰 향기
세상 잠을 다 깨운다

코끝을 간질이는
첫사랑의 속삭임 너머

달콤한 너의 속삭임
가슴 가득 전해 온다

이른 봄

저것 봐 저것 좀 봐
수선화 고운 몸짓
언 땅을 밀어내고
고물고물 촉이 튼다
내 마음 양지 밭에도
움이 트면 좋으련만

결석結石

몸속에 몰래 생긴 돌을 깨려 병원 갔다
침대에 눕힌 나를 석수는 정釘을 친다
뉘처럼 사리는커녕 막돌만 수북하다

홍시

하늘길 가는 철새 등대라도 되는 걸까
낮에도 불을 켜둔 속이 환한 불알 전구
어느 뉘 타는 가슴이 저다지도 붉을까

사막 개미

불타는 사막 천리 먹이 찾아 떠났다가

빈손으로 돌아오는 쏜살같은 귀가행렬,

그나마 다친 더듬이, 신의 선물 남았으니

봄맞이

스멀대는 가지 사이
마주 앉은 곤줄박이

찬바람 불어와도
꼼짝 않고 웅크린다

어디쯤 봄이 오는지
쫑긋 귀를 세우고

낙엽

봄에는 푸른 꿈을
여름엔 정열을 품은

노랑나비 호랑나비
훨훨훨 춤을 추네

몸마저 비우고 떠나는
도인들을 닮았네

벚꽃 야경

한 해에 한 차례씩 흘러내린 은하의 강

수정 빛 반짝이는 꽃 터널 눈부시네

몰랐네 잠깐 사이에 꿈이라는 사실을

구름

목련인가 싶었더니 갑자기 백로로 날고

폭포가 삽시간에 양 떼로 내달린다

목동들 피리 소리에 들썩이는 한 세상

북서풍

해마다 잊지 않고 찾아온 손님인 걸
네 덕에 몸살 앓아 쉬면서 누린 호사
봄이 와 널 데려가면 아쉬워서 어쩌나

봄의 궁전

눈길이 멎는 곳마다
다투어 피는 꽃들

환하게 차린 신방,
향수마저 뿌렸나 봐

벌 나비 달뜬 유혹에
오도 가도 못한다

먼지잼

뿌린 꽃씨 타는 땅에
이슬만큼 내리는 비

애간장 녹아들어
할 말도 다 말랐다

차라리 오지나 말지
첫사랑의 그 미소

단풍

비 걷힌 가을 산은 노란 치마, 다홍 저고리

아랫도리 걷어붙여 뽐내는 저 몸짓 좀 봐

첫사랑 끝분이 보듯 달아오른 내 마음

난로

겨울을 데워주는
단골집 늙은 난로

서로를 풀어헤쳐
녹이는 정, 훈훈하다

언제쯤 나도 모르게
저리 닮아 가려나

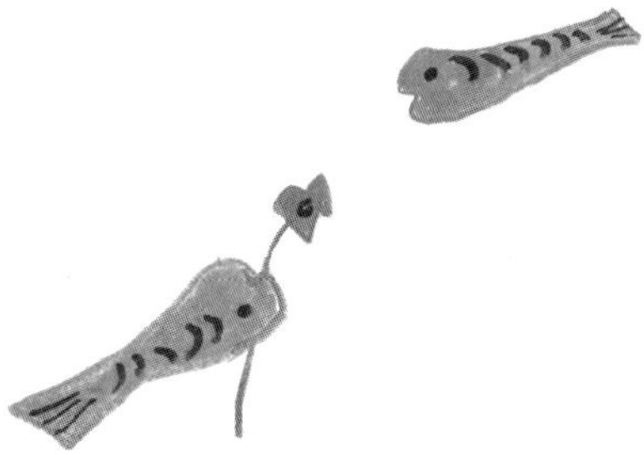

02 어둠도 환한 어둠

반달

해와 달 거리만큼
아득한 내 사랑은

오작교 건너가도
못 채운 설움일 거니

갈맷빛 저녁 창가를
기웃대는 엷은 미소

새 아침

바다를 지켜주던 해룡은 떠났는가

수평선 끓어오른 용광로 빨건 쇳물!

아마도 영토를 지키려 창칼을 만드나 봐

서울역에서

줄어도 줄지 않던 장사진 예매 행렬

탈진 끝에 쥐는 차표 고생도 잠시 잠깐

마음은 이미 고향 집, 품에 와락 안긴다

블루베리 농장에서

퐁 뚫린 그물 사이 직박구리 들락날락
남몰래 차려둔 상, 누나 동생 다 부르네
차라리 새가 될까나 피붙이가 고마운

연잎의 시

하늘 쟁여 담아내는
널따란 연잎 쟁반

또르르 굴러가는
이슬을 따라가서

내일을 약속받은 듯
너울너울 춤춘다

끙게

늦가을 끙게 타고 보리씨를 묻던 날

썰매 타는 기분에 흙먼지 뒤집어쓰고

어머니 속도 모른 채 해 저문 줄 몰랐지

산사 기행
–감로수

목축인 그만큼만 다시 채워 담아놓고
목탁이나 치는 듯이 똑똑 똑 저 감로수
먼 하늘 구름마저도 보살처럼 담는다

바닷가에서

몽돌에 눈길 주면
자야 네 마음 같고

모난 돌 바라보면
거친 내 성깔 같다

파도는 둥글어져라,
둥개둥개 어르고

파도

흰 거품 입에 물고 폭군처럼 달려든다

비라도 그친 날에는 닥치는 대로 삼켜

바닷속 식구를 위한 부르튼 손, 바쁘다

졸음

나른한 식곤증에
입을 크게 벌린 오후

눈꺼풀 만근 무게,
장미란도 못 들겠다

차라리 무릉도원의
꽃구경을 가야겠다

집 밥

끼니마다 손맛 다해 아내가 차린 밥상
이것저것 먹다 보니 배불뚝이 되어가도
그 정성 고이 헤아려 그릇 싹싹 비운다

모성

불볕 40도에 보이는 건 다 태우는

태화강 대숲에서 여름 나는 왜가리 모자母子

큰 날개 더 큰 부채질, 해지는 줄 모른다

태화강

일어서는 물살 위로
은빛 숭어 높이 뛰고

꿀벌들이 돌아간
벚나무 저문 노래,

태화는 문문히 흘러
먼 바다에 닿는다

농암종택*에서

분천과 가송리도 고즈넉한 깊은 산속

임금의 노여움에 초목처럼 산 농암

이따금 불청객 올까 낚대 들고 나선다

*경북 안동 소재, 농암 이현보의 종택.

영남루에서

누각을 내려서면 자지러진 대숲 바람

아랑의 다음 생은 분憤도 한도 삭힌 석화石花

오가는 사람들 모두 걸음 떼지 못하네

가지산 고사목

맨발의 등신불*인가
마른 나무 여기저기

썩은 몸에 키운 먹이,
새들에게 주고 있다

봉황새 사뿐히 앉아
깃털 하나 떨군 하오

*김동리 소설에서 차용.

장항리 사지*에서

풍장 한 동탑 뼈대 돌무지로 쌓여있고
부부 인연 끊어놓고 저 혼자 남은 서탑
흐르는 구름 한 자락 옷깃 슬몃 여미네

*경상북도 경주시 양북면 장항리 소재 통일신라시대 절터.

가을 아내

하늘을 거울삼아 염색한 고운 산색

그 산색이 무색하던 민낯은 어디 갔나

틈나면 면전에 대고 색조 화장, 고운 아내

어떤 풍경 1

모이에 길들여져 야성 잃은 저 닭둘기

엉덩이 뒤뚱뒤뚱 아내만 품고 산다

체면은 다 쪼아 먹고 길바닥엔 똥뿐이다

어떤 풍경 2

예전엔 반딧불에도 밤늦도록 글을 읽고

그중엔 부잣집은 기름불로 책 읽었지

제사상 밝혔던 촛불, 광화문에 넘치네

어떤 풍경 3

읍내 저 방앗간에 수상쩍은 안내 문구

'고추 빠실 분은 쪼매마 참아주소'

어째서 여인네들만 히히대며 줄 섰나

03 바보 탈 얼쑤 얼쑤

아들 낳는 약

사내아이 갖고 싶어 한이 된 어느 부인

약국을 찾아와서 애면글면 떼를 쓴다

파스를 배꼽에 붙여보소 아들 소식 올는지

냉난방기

삼복엔 샘물 길어 오이냉국 만들어주고
찬바람 씽씽 불면 땔나무 안 아낀다
울 엄마 마음자리를 쏙 빼닮은 저 보살

휴지통

언제나 구석에서 말없이 앉아 있지

사람들은 온갖 오물 함부로 던지지만

남루를 자랑삼으며 채운 속을 달랜다

엇박자

조만간 간다는 말
입버릇이 되었는데

어느덧 고갯마루
야금야금 다 먹힌 해

어둠도 환한 어둠에
길 없는 길 나선다

병원에 가면

병원 문 들어서면 검사 앞에 서는 기분

의사의 진단 결과 판사의 선고 같아

차라리 갈 때 갈망정 풀잎처럼 살고파

순아

잠잠한 내 가슴을
뜨겁게 달군 순아

심장에 박동 소리
풀무질 끝이 없다

네 잘못 아니라지만
이제 불을 꺼주렴

여유

바보 탈 얼쑤 얼쑤 추임새 넣고 있다

구경꾼 박수갈채로 장마당이 달궈지네

그렇지 반 박자쯤은 쉬어감이 좋음을

발치拔齒

언제나 함께하던
지난 일은 잊기로 하자

갑자기 떠난 뒤로
허전함만 달래보지만

휑하니 비워진 방에
찬바람만 들락날락

명상을 하며

깊은 산 돌 방석에 몸과 맘 맡겼더니

눈부신 금은보화 육신을 휘감는다

바람이 지나다 말고 어깨 툭 쳐 깨운다

포장을 풀며

멋 부린 선물상자 리본 줄 당겨보니

헛꽃만 피어있어 속 텅 빈 강정 같다

벌 나비 눈속임하는 산수국도 아니고

비빔밥

색색의 갖은 나물 고추장이 맛을 내고

양푼에 숟가락질 도란도란 먹고 있다

입안은 화끈거려도 지구촌이 엄지 척!

출근 표정

초록 비 또닥또닥 인사하는 이른 아침
빗물과 버스 사이, 폰 열어 시계만 보네
안으로 감춘 속내는 바싹바싹 타는데

늙은 집

언덕 위 오래된 집,
끄떡끄떡 졸고 있네

비 오면 천장 곳곳
폭포가 따로 없네

나 역시 백발이 되면
비바람이 새겠지

울음이 약

동생이 이승을 떠나, 억장이 무너진 날
하늘땅 떠나갈 듯 울음 마구 쏟았더니
씻은 듯 조용한 세상, 울음이 약이라니

몰랐네

찻물을 올려놓고 컴 자판 두들기다

'펑' 하는 소리 함께 난장판 된 사기 파편,

시간을 아껴 쓰려다 바가지 쓸 줄이야

착한 치매

우연히 길을 가다 마주친 오촌 아재

인사에도 그저 빙긋, 아지메밖에 모른다네

그나마 저 정도이니 조상이 돌봤다나

무면허

손주들 돌보느라 아내가 서울 간 뒤

임시직 취사 당번 한 달이 너무 길다

탄 밥에 맹탕 장 찌개, 굶는 일이 다반사

뜬금없이

요즘은 어딜 가나 먹거리 다양하다
옛날엔 보리 개떡 그나마 귀했는데
가만히 엿듣던 손자, 맛난 라면 있단다

방학숙제

그때는 그랬었지
초등학교 방학 때면

"쥐꼬리 세 개 이상"
숙제 내던 선생님,

먹칠한 오징어 다리가
쥐꼬리로 변했지

헛발질

한국과 카타르의 맞짱 뜬 축구 경기
지쳤던 상방 선수 헛발질로 끝이 났다
어쩌면 내가 지나온 동영상을 보는 듯

어떤 명 처방

손발이 터졌을 땐 엄마가 의사였다

오만상 찌푸리며 고개 돌려 담근 오줌,

그때는 코를 싸맸어도 처방 중에 명 처방

아내

부자는 아닌데도
베푸는 손 가진 이

빚내어 무이자로
보증 없이 주는 사람

까칠한 남자와 살아도
물 흐르듯 사는 당신

04 종다리 숨은 보리밭

가지치기

남루한 욕심들이
곁가지로 자라났다

잘 벼린 가윗날로
삭둑삭둑 잘라내자

휜하게 뚫린 빈자리,
생각 저리 파랗다

돌탑 앞에서

마음의 갈피 접어 얹어본 돌멩이 하나
하늘에 닿았는지 구름마저 쓸려가고
잊었던 단경 한 구절, 이끼로 와 앉는다

난전에서

온종일 팔다 남은 팔순 할매 대파 두 단,
목 잠긴 파장 앞에 반값으로 건네주고
잘 익은 노을 한 자락 덤이라며 얹는다

어떤 대낮

어디든 솟아있는
성城같은 첨단 모텔

주차장 만차 신호
자주 삑삑 소리 나고

종다리 숨은 보리밭,
그 시절 엊그제인데

거미

아버지 허구한 날 투망질에 저물었다

식솔들 안 굶기려 소금 쩍 일어나고

자로도 못 재는 수심 물빛만 푸르렀다

그릇

뛰놀던 잉어 메기 배속까지 말려놓고

그 넓고 늙은 호수 거북 등짝 내보였다

큰 그릇 채워주는 이, 시험이 깊어진다

버스 떠나고

공연히 호기 부리다 헉헉대던 헛발질
잡힐 듯이 잡힐 듯이 놓쳐버린 시간이여
놓치고 손 흔드는 지금, 바람마저 차갑다

작심作心

출근길 집 나서며
신 끈 단단 조여 맨다

해맞이 때 세운 각오,
금연만은 지키리라

반나절 넘지 못하고
담배 두 개 피, 커피 두 잔

만능키

길 가다 어깨 툭 친, 얼결에 만난 친구

눈빛만 보고서는 속내를 알 수 없다

저 녹슨 마음 열어볼 그런 열쇠 없을까

발자국

한여름 하릴없이 바닷가를 거닐었네

파도가 밀려와서 거품으로 사라지고

흩어진 발자국 위에 내 발자국 보태네

아차차

조급하게 오르려던 계단에서 넘어진 날
접질린 발가락에 하늘이 빙그르르
아뿔싸 "좀 천천히 해요" 아내 말이 귀에 쟁쟁

어떤 체험

불청객 신경통에 찾아간 뜸질 명소

삽질한 검은 모래 온몸을 덮어갈 때

유서도 남기지 않고 죽어가는 나를 봤다

거울을 보며

웬 낯선 사내 하나
뚫어지게 쳐다본다

오래된 조각도로
섬세하게 새긴 판화

잔주름 뒤적거려도
원판 찾기 어렵다

헛다리

밉상 짓 골라가며 하고 있는 못난 남편

죽어선 보나 마나 극락 간다 말하는 사람

이봐요 먼저 꿈 깨고 부처님께나 물어봐요

갈등

칡과 등나무는 엇박자로 감아 오른다

등 보고 칡이라 한 너, 칡 보고 등이라 한 나

한 생각 좁히지 못해 붉고 푸른 두 얼굴

천사채

살점이 사라진 뒤 실체가 드러났다
조연에 불과한 너 하지만 존재의 근원,
진실로 귀한 사랑은 숨어서 바치는 것

갈증

하늘도 말라버린 목 타는 가뭄 앞에
봄소식보다 먼저 약으로 내린 단비
가려운 내 몸피에도 파란 싹이 트러나

달빛

댓돌 위 흰 고무신 귀뚜리가 닦고 있다

인기척 듣지 못한 강아지는 잠만 쿨쿨

어머니 무명옷 입고 다녀가신 가을밤

낭인浪人

때 절은 옷 걸치고 멍하니 앉아 있다

별 헤는 현자인 듯 먼 우주에 눈빛 두고

미륵불 용화세계를 살피고 있나 보다

검색

자료를 찾으려고 뛰어든 모니터 속
무한의 정보 바다 속임수도 넘쳐난다
미끼에 홀린 고기처럼 허둥대는 또 하루

마상청앵도*를 보며

말을 타고 길을 떠난
한 선비가 멈춰 서서
꾀꼬리 노랫소리
천지간에 불러놓고
갈 길은 잃어버린 채
빠져드는 저 무아

*김홍도의 그림.

05

댓돌 위 야윈 햇살

폐차

차라리 폐차라면 고철로나 팔릴 것을

손발을 묶었다는 요양병원 고발 뉴스

그래도 집보다 낫다며 가로막는 할머니

우짤꼬

응애응애 울음 대신 길고양이 판을 친다
문 닫은 학교들을 새에게나 내어주고
거룩한 혼족의 나라, 나라마저 문 닫겠다

혼인비행

삼 일 간 허공에 떠 짝짓는 흰개미들

공주는 여왕 되고 수컷은 천국 간다네

사람은 할 수 없는 일, 절정의 아픈 여행

플라세보

불면증 할머니께 건네준 붉은 캡슐*
가짜 약 먹고서도 잘 잤다며 벙글벙글
내 손을 믿었던 마음, 진짜 약이 됐나 봐

*붉은 캡슐 : 한때는 수면제의 대명사.

아뿔싸

사소한 부주의로 발가락을 다쳤다
까짓것 작은 상처 기우뚱 중심 잃고
접시에 코 박았단 말 예사롭지 않았다

김치 가족

당신이 배추라면 나는 소금이었지
큰애는 마늘 되고 막내는 고춧가루
육젓에 버무린 날들 하하 호호 했었지

개명

부모가 안긴 이름 촌티가 흐른다고

법원 가서 개명한 내 친구 석이와 말숙,

빼기며 비꼬는 말투, 달라진 게 없는데…

어느 진풍경

버려진 놋요강에 외국인들 탄성이다

동짓달 긴 밤을 살핀 변기였을 뿐인데

어쩌면 크림수프를 담아 먹을 모양새다

누룽지

밤낮 날아드는 비아그라 스팸메일

그 맵고 작은 고추 약발은 어디 갔나

누룽지 한 사발이면 되찾을 수 있다던데

열한 그루 소나무*

엄마 젖 나눠 먹던
열하나의 어린 꿈이
헤어지기 너무 싫어
껴안은 채 일백 년,
하늘도 뜻을 거두고
하나 되어 살게 해

*울산 석남사 입구에서 발견된 11주유합동체 소나무.

어쩌지

리넨과 물행주도 아무렇게 팽개쳤다

민감한 통과 절차, 바리스타 실기 시험

맛과 향 조절은커녕 맘만 펄펄 끓는다

혼족

허공에 신방 차린 개미도 있다는데
아이 낳고 키우는 일 귀찮다는 철이와 옥이
먹구름 장막을 쳐도 해는 쨍쨍 뜬단다

겨우살이

뽕나무 곁가지에
눈치 없이 살아온 날
이제는 어디론가
떠날 때가 된 것 같다
울 할매 관절통 앓던
약으로나 쓰였으면

신호등 앞에서

빨간불 앞에 서면 파란불 노상 존다

사람들은 저마다의 이유로 안달복달,

오히려 마음 비우면 흐를 데로 흐를 텐데

사위질빵*

금이야 옥이야 키운
고운 딸 내어주고

사위가 지는 짐의
멜빵은 가는 풀줄기

한 백 년 해로하라고
속마음을 비친 장모

*야생화의 한 종.

반전

지구촌 축구 명가
전차군단 격침한 날

동방의 환한 등불,
온 세상에 우뚝했다

숨겨둔 비밀 병기에
끝이 없는 갈채들

극과 극

설레던 하루하루
겁 없이 뛰어넘고

뚫릴 것 같으면서
꽉 막혔던 지난날들

그렇지 끙끙댄 한 생,
변비 아니면 설사다

돋보기

낱말 뜻 찾으려고
맨눈으로 펼친 사전

올챙이 꼬물꼬물,
돋보기 들이댄다

연못에 안개 걷히자
폴짝 뛰는 개구리

농띠

사과를 거두는데도 딴짓하는 둘째 녀석

챙길 건 두 배 세 배 일 앞엔 설레발이

이놈아 감나무 밑에서 입이나 쫙 벌려라

발문 06

겸양의 GPS가 찾아낸 서정의 오솔길

/정경화

겸양의 GPS가 찾아낸 서정의 오솔길

정경화 | 시인

들어가며

김장배 시인의 『사막 개미』를 연다. 단수로만 100편을 엮은 정형 시집이다. 첫 시조집 『과녁』을 출간하고 2년 만에 100편이라니, 이번에 실리지 않는 연시조를 제쳐 두고라도 꼬박 일주일에 1편, 한 달이면 4편을 쉬지 않고 써온 것이다. 신춘문예 역사상 가장 고령의 나이로 2017년 국제신문 신춘문예에 당선하여 전국을 술렁이게 한 인물답게 창작의 열정을 그대로 실천하는 시인이며 또 그만이 할 수 있는 부지런함이다.

목언예원의 관장을 맡고 있는 나에게 가끔 해오는 질문이 있다.

"나는 그림을 몰라요. 어떻게 감상하는지 모르겠어요"

아내와 아이들은 미술관 안에 두고 자신은 슬며시 빠져나와 담배를 피운다는 젊은 아빠의 말이다. 나의 조언은 그림을 보기 이전에 작가부터 먼저 알려고 하라는 것이었다. 눈앞에 있는 그림을 그린 이가 누구인가가 중요하다. 물론 처음에는 이름과 나이, 외모와

스펙을 더듬겠지만 차츰 작가의 경험과 의식체계, 그의 내면까지 들여다보면 답은 쉽게 풀린다. 그리고 작가 자신의 진솔한 삶이 창작을 통하여 어떻게 풀어내고 있는가에 초점을 맞추면 된다. 결코 다른 사람의 예술을 흉내 내지 않고 자신이 맞이한 시대와 타고난 운명과 올바른 가치관이 녹아있는 창작물을 만들고 표현 해내었다면 우리는 그 작가의 예술을 이해하게 되고 감동을 받게 된다. 또한 경제적인 가치는 무엇보다도 높게 부가되는 것이다.

김장배! 그는 누구인가를 먼저 생각해 보자. 약학박사이며 철학박사인 그의 연보를 살펴보면 감사장, 공로패, 표창장을 거의 해마다 받았다. 지역 발전을 위함은 물론이고 적십자 사업을 통한 인도주의 이념을 끊임없이 구현해왔다. 수많은 직책을 맡아 리더십을 보여줌과 동시에 참으로 많은 사회봉사를 실천한 분이다. 미래를 바라보는 시인의 자세는 언제나 사막 개미의 촉수처럼 예리하고 반듯하다. 시조집 제목으로 자신 있게 내놓기도 했거니와 어쩌면 시인 자신과도 같은 더듬이를 가진 「사막 개미」에 제일 먼저 눈길이 간다.

불타는 사막 천리 먹이 찾아 떠났다가

빈손으로 돌아오는 쏜살같은 귀가 행렬,

그나마 다친 더듬이, 신의 선물 남았으니
—「사막 개미」 전문

오래전에 가 보았던 중국 둔황의 명사산이 떠오른다. 그 넓은 사막 속에서 길 없는 길을 본 적이 있다. 이정표 하나 없이 다 지워진 길을 걷는 낙타의 행렬! 그런데 지금 내 눈앞에는 '빈손으로 돌아오는' 개미의 행렬이 있다. 그리고 그 안에 시인의 '다친 더듬이'가 있다.

사막 개미는 사막의 아주 뜨거운 환경에서 살아남는다. 그들이 생존할 수 있는 이유는 매우 정교한 GPS 시스템을 갖추고 있기 때문인데 시인은 과연 어떤 시스템을 가졌는지 궁금하다.

김장배 시인은 '불타는 사막 천리' '먹이 찾아 떠'난다. 그가 찾는 먹잇감은 육신을 위해서가 아니다. 지역 사회를 생각하는 참으로 멀고 험한 사냥이다. 바로 가까이에 훨씬 더 손쉬운 먹잇감도 있을 터인데 현실과 쉽게 타협하지 않고 교육계에 발을 들여놓았다. 1987년 학교법인 동신학원 울산제일고등학교를 설립했다. 30여 년을 사막 개미처럼 고군분투했으리라. 그러나 언제나 궤도를 이탈하지 않고 제자리에 돌아온 그는 시조를 선물 받았다. 이제 시조로 풀어내는 김장배 시인의 노래가 세상을 향한 선물이 아닐까 생각된다.

하늘 쟁여 담아내는
널따란 연잎 쟁반

또르르 굴러가는
이슬을 따라가서

내일을 약속받은 듯
너울너울 춤춘다
-「연잎의 시」 전문

삶의 어느 한 컷도 예사로이 놓치지 않아야 되는 것이 시인의 눈이다. 연잎에 머문 시인의 눈은 '널따란 연잎 쟁반'에 '하늘 쟁여 담아내'고 싶었으리라. 전혀 흔들릴 것 같지 않은 믿음직한 쟁반이 고 작은 이슬 한 방울에 온몸이 휘청거린다. 8월 연밭에 서면 누구나 한 번쯤은 그 장면을 가져와 마음을 이입해보려 했을 것이다. 하지만 어쩌면 이미 누가 다 써버린 표현이 될 것이고, 어쩌면 하나 마나 한 표현이 될 것이다. 쉽사리 나만의 발견으로 도출해내기에는 역부족이기도 했을 텐데 시인은 끝까지 따라가서 한 편의 서정을 그려낸다. 그런 만큼 아름다운 영상으로 남아 결국은 '내일을 약속받'아내고 춤을 추고 있다. '너울너울' 시인의 은유는 참으로 여유롭고 평화스럽다. 이제 그 기세를 다시 한 번 또르르 굴려서 역사 속으로 걸어가 보자.

분천과 가송리도 고즈넉한 깊은 산속

임금의 노여움에 초목처럼 산 농암

이따금 불청객 올까 낚대 들고 나선다

*경북 안동 소재, 농암 이현보의 종택
–「농암 종택에서」 전문

선비의 고장인 안동은 하회마을, 도산서원, 병산서원 등 다양한 역사와 문화유산을 간직하고 있는 곳이다. 곳곳에 숨어있는 서원과 종택을 포함하여 우리나라 역사 · 문화의 보고寶庫이다. 그래서 우리 민족정신문화의 가장 중심에 서 있지만 최근에 또 부각되고 있는 곳이 있다. 낙동강을 끼고 청량산 산자락 속으로 끝없이 들어가다 보면 막다른 곳에 고풍스러운 종택이 나온다. 안동이 고향인 사람들조차도 까마득 모르고 있었다는 '농암 종택'을 시인은 찾았나 보다.

농암 이현보는 1467년에 태어나 32세에 문과에 급제하였는데 서연관의 비행을 논하였다가 연산군의 노여움을 사 안동으로 유배된 이로, 2001년에 문화관광부가 올해의 문화인물로 선정한 역사적인 인물이다. 처음 이현보가 살았던 분천마을과 가송리를 초장에 배치하면서 고즈넉한 분위기를 밑그림으로 스케치한다. 수몰될 뻔한 종택을 고이 이 자리에 옮겨와 명소가 되었다. 유배된 '초목'을 사슬로 묶어만 두지 않고 '낚대'를 드리우는 자유로운 영혼으로 묘사하여 생생한 삶을 만들어내었다. 조선시대 유일하게 은퇴식을 끝내고 정계에서 물러난 뒷모습이 아름다운 선비라고 알려져 있는 만큼 아주 적절한 비유이다. 노년기에 자연을 벗 삼음과 동시에 마지막까지 '불청객이 올까'싶어 '낚대 들고' 사람을 피하는 농암의 자세를 놓치지 않고 잘 그려내었다.

사내아이 갖고 싶어 한이 된 어느 부인

약국을 찾아와서 애면글면 떼를 쓴다

파스를 배꼽에 붙여보소 아들 소식 올는지

―「아들 낳는 약」 전문

약사라는 직업을 통해 환자들을 수없이 상대해온 시인에게는 참 많은 에피소드가 있었을 것이다. 불과 몇십 년 전만 해도 아들 선호 사상이 팽배했다. 구차한 설명 필요 없이 척 보면 웃음이 나는 시조다. 시인의 평소 말투 속에는 항상 다양한 위트가 포함되어 있다. 더욱이 가장 중요한 종장에 와서 굳이 더 은유시키지 않고 '파스를 배꼽에 붙여보소' 하며 그대로 던져 놓은 한 마디가 더욱 실감 난다. 절실하다는 이유로 고집을 부리는 자에게 그저 '톡' 쏘거나 나무라지 않고 의미 있는 말의 재치로 자신을 깨닫게 했던 것이다.

요즘은 부모 자식 간이나 남녀가 사귀는데도 유머 코드가 맞는 것이 가장 중요하다고 한다. '애면글면 떼를 쓰'는 사람을 대하면서 치유를 위한 올바른 길을 안내할 때 이러한 지혜를 사용한다면 많은 이들이 쓸데없는 걱정에서 벗어날 수 있지 않을까. 고정관념에 사로잡혀 있거나 잘못된 상식을 가져와 매달릴 때는 참으로 곤란한 상황들이 많이 있었으리라. 또 한 편의 플라세보 효과를 느껴보자.

불면증 할머니께 건네준 붉은 캡슐*

가짜 약 먹고서도 잘 잤다며 벙글벙글

내 손을 믿었던 마음, 진짜 약이 됐나 봐

*붉은 캡슐 : 한때는 수면제의 대명사

—「플라세보」 전문

플라세보는 '기쁨을 주다' 혹은 '즐겁게 하다'라는 라틴어에서 유래했는데 오랜 질병이나 심리 상태에 영향을 받기 쉬운 질환일수록 효과가 더 커질 수 있다. '누가 그걸 먹고 나았다더라' 하면 그것이 불문율이 되어 말뚝까지 삶아 먹는다고 하지 않나. 특히나 요즘과 같은 고령화 사회에는 노인들을 위한 '플라세보'를 적절히 사용할 수 있어야 한다. '잘 잤다며 벙글벙글' 웃으며 기지개를 켜는 할머니의 모습이 선하다. 반대로 노시보 효과Nocebo effect도 있다. 약을 올바로 처방했는데도 환자가 의심을 품으면 약효가 나타나지 않는 현상을 말하는데 김장배 시인이 건네는 약이라면 이런 경우는 전혀 없을 것으로 믿는다.

언제나 함께 하던
지난 일은 잊기로 하자

갑자기 떠난 뒤로
허전함만 달래보지만

휑하니 비워진 방에
찬바람만 들락날락
—「발치拔齒」 전문

남루한 욕심들이
곁가지로 자라났다

잘 벼린 가윗날로
삭둑삭둑 잘라내자

훤하게 뚫린 빈자리,
생각 저리 파랗다
—「가지치기」 전문

김장배 시조의 시적 표현은 단호한 의지를 표명하거나 주장을 관철시키려는 어법은 드물다. 주로 '했는지', '했나 봐', 아니면 동시童詩에서 많이 사용되는 고운 의성어나 의태어 사용으로 마무리 짓는 다소 포근하고 부드러운 의도로 독자에게 다가간다. 그런데 「발치拔齒」에서는 '잊기로 하자'며 시원스러운 자기주장을 펼치고 있고 「가지치기」에서는 이미 욕심 많은 곁가지를 '잘 벼린 가윗날로' '삭둑삭둑 잘라내'버렸다. 발치한 빈자리는 한 삶이 떠난 자리만큼이나 시리고 아프다. 그리고 내 손으로 내 가지를 자르는 만큼이나 고통스러운 일은 없다. 하지만 결국 종장에서는 한 번 더 단호한 의지를 피력하기보다는 '찬바람만 들락날락' '생각 저리 파랗다'며 중도의 자세를 다시 유지시킨다.

그 외에도 「끙게」, 「먼지잼」, 「사위질빵」 같은 제목부터 재밌고 토속적이며 독특한 것들이 많이 있다. 지면상 함께 나누지 못하는 점이 아쉽다.

나가며

거듭 말했다시피 그는 이미 수많은 사람들의 몸과 마음을 치유시켜온 분이다. 굳이 시조집을 통한 고도의 치유법을 내놓지 않더라도 존경의 자리에 우뚝 서 있다. 하지만 이번 「사막 개미」를 보더라도 그의 일상에는 이미 시조가 제일 우선순위에 놓여있다는 것을 분명히 알 수 있다.

그의 문학적 GPS는 대로大路를 마구 달리기보다 들꽃 핀 오솔길을 선택하는 보법이다. 호탕한 웃음이 아니어도 좋다. 엷은 미소가 늘 그의 시조에는 묻어 있다. 대단한 교훈이 아니라도 좋다. 그의 시조에는 윤슬 같은 지혜가 녹아있다. 언제나 낮게 흐르는 물과 같은 자세로 하루를 가다듬는 모습이 보인다. 바람과 새소리를 곁에 두고 잊혀가는 옛것들과 소소한 소품들을 안아 주는 시인의 품은 따스하다.

원고를 받아들어 첫 독자로서 김장배 시인의 삶을 반추하고 그가 제시하는 길을 오롯이 따라가 보는 일은 무척이나 즐거웠다. 나이와는 상관없이 지금이 시인에게 있어서 가장 왕성한 문청文靑의 시기가 아닐까. 조금도 주저하지 말고 지금처럼만 걸어가시기를 기대한다.

07 연보

1939년 4월 4일 경남 울산군 방어진읍 주전리 304에서 아버지 金斗植씨와 어머니 朴斗阿씨 사이에 삼남삼녀 중 2남으로 태어남

1952년 3월 23일 주전초등학교 졸업

1955년 3월 3일 방어진중학교 졸업

1959년 3월 25일 동아고등학교 졸업

1963년 2월 25일 부산대학교 의과대학 약학과 졸업

1963년 5월 24일 약사면허취득 (제6577호)

1963년 8월 25일부터 1992년 2월 15일까지 울산에서 동신약국 경영

1969년 10월 31일 金龍澤씨와 金仁順씨의 딸 戊生과 결혼

1970년 8월 24일 아들 鍾曄이 태어남

1971년 12월 31일 방위병으로 만기제대(보병 제 39사단, 전투병과, 계급 이병)

1972년 2월 15일 딸 星希가 태어남

1972년 10월 21일 경찰업무에 협조 및 봉사로 경상남도 경찰국장 감사장 받음

1973년 8월 15일 울산시정 발전 유공으로 울산시장 표창장 받음

1974년 3월 2일 딸 志映이 태어남

1970년대 후반부터 여러 해 동안 울산문화방송의 '건강 상담' '여성 싸롱' '오늘도 보람차게' 등을 비롯한 여러 프로에서 매주 한 번씩 건강과 의약

품에 관한 지식을 전함

1977년 1월부터 1980년 12월까지 울산시 약사회장

1977년 2월 25일 성균관대학교 대학원 졸업('은방울꽃 花部의 强心作用'이란 논문으로 약학석사 학위 취득)

1977년 9월 28일 학교발전과 푸른 학교 가꾸기 기여로 울산교육장 감사장 받음

1978년 4월 7일 시민보건향상 유공으로 울산시장 표창장 받음

1978년 4월 10일 울산문화방송㈜ 개국 10주년을 맞아 지역방송 발전 기여로 울산문화방송㈜ 대표이사 감사패 받음

1978년 5월 16일부터 1978년 5월 20일까지 호주약사회 제50주년 기념식 한국대표

1979년 1월 1일부터 1984년 12월 31일까지 한국 약제학회 이사

1979년 2월 16일 약사회 운영, 발전 기여로 대한약사회장 표창패 받음

1979년 4월 26일부터 1981년 3월 31일까지 울산시정 자문위원

1979년 5월 25일 반상회 운영에 노력한 공으로 경상남도지사 표창장 받음

1979년 12월 28일 지역사회 발전 기여로 국무총리 표창장 받음

1980년대 울산지역사회학교 후원회 이사, 범민족 올림픽추진 경남위원회 이사 및 울산시민회관 및 도서관건립추진위원회 부위원장

1980년 1월 25일 국민보건향상과 지역사회 및 약사회 발전 기여로 약사공론 사장으로부터 제10회 약연상 수상

1980년 국무총리실 행정개혁위원회 위원(지역 직능위원)

1980년 8월 스페인 마드리드에서 열린 제40회 세계약학회의(FIP)한국 약사부회 수석대표

1980년대부터 미스 코리아 경남지역 심사위원을 두 차례 함

1981년 1월 1일부터 1981년 12월 31일까지 대한적십자사 경남지사 울산적십자 장년봉사회장

1981년 1월 1일부터 1990년 12월 31일까지 사단법인 대한약사회 이사

1981년 8월 25일 성균관대학교 대학원 졸업('Ketoprofen-lysinate의 藥劑學的 硏究'란 논문으로 약학박사 학위 취득)

1982년 7월 1일부터 1987년 6월 31일까지 대한적십자사 조직위원

1982년 4월 7일 지역사회 발전 및 국제라이온스 317-C지구 발전 기여로 국제라이온스 317-C지구 총재 공로패 받음

1982년 11월 15일 자진봉사 500시간으로 대한적십자사 경남지사장 표창장 받음

1983년 4월부터 1991년 12월 31일까지 경상남도 도정자문위원

1983년 4월 11일 라이온스를 통한 봉사활동으로 지역사회 기여로 국제라이온스협회 회장 감사장 받음

1983년 7월 1일부터 1984년 6월 30일까지 울산라이온스 클럽 회장

1983년 8월부터 1986년 12월까지 울산시 태권도 협회 회장

1983년 9월 1일부터 1997년 2월 28일까지 부산대학교 약학대학 시간강사(매년 2학기만)

1983년 12월 1일부터 1985년 12월 31일까지 사단법인 대한산악연맹 경남연맹 울산지부 회장

1983년 12월 11일 지역사회 발전 기여로 국제라이온스 317-C지구 총재 표창패 받음

1984년도부터 1987년도까지 울산체육회 이사

1984년 5월 3일 클럽 임원으로서 라이오니즘 구현에 크게 기여로 국제라이온스 317-C지구 총재 표창패 받음

1984년 9월 22일 요가 발전 기여로 사단법인 한국요가협회장 감사패 받음

1984년 10월 27일 자진봉사 1,000시간으로 대한적

십자사 총재 표창장 받음

1984년 11월 15일 저서 『건강생활의 지혜』 펴냄

1985년 1월 21일 『건강생활의 지혜』를 국제라이온스협회 309-I지구 회원 전원에게 기증하여 국제라이온스협회 309-I지구 협의회 감사패 받음

1985년부터 1987년까지 법무부 갱생 보호 위원

1985년 3월 1일 육성회 회장으로서 기여한 공로로 울산제일중학교 교장 감사패 받음

1985년 4월 23일 법무부 갱생보호활동 기여로 부산지방검찰청 검사장 감사패 받음

1985년 5월 10일 라이온스 활동 공로로 국제라이온스협회 309-I지구 총재 공로패 받음

1985년 6월 1일 산악 발전 공로로 지리산 철축제 대회장의 제14회 智異대상 수상

1985년 7월 1일부터 1986년 6월 30일까지 국제라이온스협회 309-1지구 제1지역 부총재

1985년 11월 27일 국가사회 발전 기여로 대통령 표창장 받음

1985년 12월 11일 라이온스 클럽 및 지역사회 발전 기여로 국제라이온스협회 회장 감사장 받음

1986년 1월 1일부터 1997년 7월 24일까지 사단법인 대한산악연맹 경남연맹 울산지부 고문

1986년부터 1989년 7월까지 울산문화방송㈜ 자문위

원

1986년 2월 28일부터 2000년까지 울산문화원 자문 위원

1986년 4월 4일 라이온스 발전 기여로 국제라이온스 협회 309-I지구 총재 공로패 받음

1986년 6월 5일부터 1988년 10월 27일까지 새마을 운동 중앙본부 경상남도 지부 울산시 지회장

1987년부터 1988년까지 울산시민의 장 심사위원

1987년 2월 2일 새마을운동 울산시지회장 공로로 새마을운동중앙본부 회장 공로패 받음

1987년 3월 1일부터 1991년 8월 31일까지 경성대학교 약학대학 시간강사(매년 1학기만)

1987년 3월 27일부터 1997년 5월 12일까지(초대부터 3대) 학교법인 동신학원 울산제일고등학교 설립자 및 이사장(1997년 5월 13일 교육위원 출마를 위해 이사장 사퇴)

1987년 미국 오래곤주 포트랜드시 자매결연조인식 울산시 대표

1987년 미국 오래곤주 포트랜드시 명예시민증 받음

1987년 6월 13일 산악회 발전 기여로 사단법인 대한 산악연맹 공로패 받음

1987년 11월 4일부터 1991년 12월 31일까지 경상남도 약사 연수교육 강사

1987년 12월 11일 범죄 예방 및 지역사회 정화활동

기여로 법무부장관 표창장 받음

1988년 6월 22일 울산시 지회장으로서 새마을운동 활성화 기여로 새마을운동중앙본부 경남지부 회장 공로패 받음

1988년 7월 1일부터 1989년 6월 30일까지 국제라이온스협회 309-1지구 총재 고문

1988년 7월 7일부터 1990년 6월 30일까지 부산지방검찰청 청소년 선도위원

1989년 1월 31일부터 1992년 1월9일까지 경상남도 약사회장

1989년 2월 25일 부산대학교 경영대학원의 최고경영자 과정 수료

1989년 2월 25일 부산대학교 발전기금 기부로 부산대학교 총장 공로동문패 받음

1989년 11월 13일 학교 설립 및 운영 공로로 울산제일고등학교 육성회장 감사패 받음

1990년 12월 12일 약사회 발전 및 약사회관 건립 기여로 울산시약사회장 감사패 받음

1991년 3월 1일 아버지 학교법인 동신학원 명예이사장

1991년 6월 28일 도민 화합과 지역사회 발전 기여로 경상남도 도지사 공로패 받음

1991년 8월 27일 아버지 별세

1991년 11월 14일부터 1995년 11월 13일까지 대한적십자사 경남지사 부지사장

1991년 11월 29일 의약계 언론 창달과 약업신문 발전 기여로 ㈜약업신문 대표이사 사장 감사패 받음

1992년 2월 29일 약사회 발전 기여로 대한약사회장 공로패 받음

1992년 3월 2일 경상남도 교육 발전 기여로 경상남도 교육감 감사패 받음

1992년 10월 21일 지역사회 안전에 공헌으로 울산중부결찰서장 감사패 받음

1992년 10월 28일 자진봉사 2,000시간으로 대한적십자사 총재 표창장 받음

1993년 1월 20일부터 1996년 1월 20일까지 울산 차인茶人연합회 회장

1993년 3월 29일 약국 운영의 모범, 약사윤리 준수, 약사회 및 지역사회 발전 기여로 ㈜약업신문 대표이사 사장으로부터 약의 상 수상

1993년 9월 21일부터 1995년 9월 20일까지 울산교육청 교육행정자문위원

1994년 5월 8일 마을회관 건립 공로로 울산광역시 울주군 두동면 이전리 당지 마을 주민회감사패 받음

1995년 1월 20일 동 발전 기여로 울산광역시 중구 옥교동장 감사패 받음

1995년 8월 22일 동 발전 및 복지 향상과 자문위원회

활성화 기여로 울산광역시 중구 옥교동 동정 자문위원회 회장 감사패 받음

1995년 8월 31일 울산광역시 추진위원회 운영위원

1995년부터 11월 14일부터 1998년 3월 31일까지 대한적십자사 경남지사 상임위원

1996년부터 4월 16일부터 2000년까지 울산 포럼 부대표

1996년부터 4월 19일 제5회 배꽃축제 배꽃아가씨 선발대회 심사위원

1996년 10월 27일 10년간 봉사로 대한적십자사 총재 표창장 받음

1997년부터 2000년까지 생명의 전화 이사

1997년 3월 1일부터 1999년 2월 28일까지 부산대학교 약학대학 외래교수

1997년 4월 29일부터 2000년까지 울산지방검찰청 환경보호협의회 이사

1997년 5월 24일부터 2007년 6월 16일까지 아내 학교법인 동신학원 이사

1997년 7월 25일부터 현재까지 사단법인 대한산악연맹 울산광역시연맹 고문

1997년 8월 18일부터 2010년 8월 31일까지 제1,2,3,4대 울산광역시 교육위원. 그 기간 중에 교육위원회 의장을 네 차례 함

1997년 9월 1일 사단법인 대한약사회 정책협의회 위

원

1997년 10월 15일 울산광역시교육청공직자윤리위원회 위원

1998년 1월부터 1999년 1월까지 부산지방법원 울산지원 민사, 가사 조정위원

1998년 3월 17일부터 2001년 3월 31일까지 대한적십자사 울산광역시 지사 상임위원

1998년 7월 7일부터 2010년 3월 31일까지 아내 대한적십자사 울산지사 여성봉사특별자문위원

1998년 9월 30일 울상광역시 중구체육회 고문

1998년 12월 24일 울산광역시 제2의 건국범국민추진위원회 고문

1999년 1월 15일부터 2002년 1월 14일까지 법무부 범죄예방자원봉사위원 울산지역 협의회위원

1999년 1월 25일부터 2008년 12월까지 울산지방법원 가사조정위원회 위원(2002년부터 부위원장)

1999년 5월 21일 어머니 별세

1999년 6월 1일부터 2003년 5월 31일까지 울산구치소 교화위원

2000년 1월 25일 울산광역시 교육위원회 의장으로 교육 발전 기여로 전국시 · 도 교육위원회 의장협의회 공로패 받음

2000년 3월 5일부터 2003년 3월 30일까지 울산개발

(울산컨트리클럽) 이사
2000년 3월 7일부터 2003년 3월 6일까지 사회복지법인 울산광역시 사회복지협의회 이사
2000년 4월 25일부터 2004년 4월 24일까지 울산광역시 교육규제 완화위원
2000년 10월 27일 적십자사업 발전에 기여한 공으로 적십자회원유공장 은장 받음
2001년 4월 1일부터 2007년 3월 31일까지 대한적십자사 울산지사 회장
2001년 7월 1일부터 2003년 6월 30일까지 민주평화통일자문회의 자문위원(제10기)
2001년 10월 10일부터 2002년 1월 31일까지 IYV 2001 한국위원 및 울산지역위원
2001년 10월 27일 적십자사업 발전에 기여한 공으로 적십자회원유공장 금장 받음
2001년 11월 26일부터 2004년 10월 28일까지 울산문화방송㈜ 시청자 위원회 위원장
2002년 1월 20일 딸 성희는 정재호鄭宰好와 결혼
2002년 2월부터 2008년 12월까지 울산울주문화원 자문위원
2002년 3월부터 2004년 12월까지 울산동구문화원 자문위원
2002년 5월 16일 아프칸 난민 및 결식아동 돕기 후원 기여로 울산 사랑의 달리기 위원회 감사패 받

음

2002년 8월 31일 아들 종엽은 신혜정申惠正과 결혼

2002년 10월 29일 외손녀 정수연鄭守然이 태어남

2003년 9월 15일 울산광역시 생활보장위원회 위원

2003년 10월 28일 시청자위원회 위원장으로서 지역방송의 발전과 시청자 권익 향상에 이바지한 공로로 울산문화방송㈜ 대표이사 사장 감사패 받음

2003년 11월 7일 제84회 전국체육대회 울산선수단의 성적거양 기여로 울산광역시 체육회장 (시장) 감사패 받음

2003년 12월 26일부터 2015년 12월 25일까지 재단법인 ubc 문화장학재단 이사

2004년 10월 28일 시청자위원회 위원장으로서 지역방송의 발전과 시청자 권익 향상에 이바지한 공로로 울산문화방송(주) 대표이사 사장 감사패 받음

2005년 3월 8일 2005년 제86회 전국체육대회 조직위원회 위원

2005년 7월 1일 사단법인 한국도덕운동협의회 고문

2005년 7월 1일부터 2007년 6월 30일까지 민주평화통일자문회의 자문위원(제12기)

2005년 10월 27일 적십자사업 발전에 기여한 공으로 대한적십자사 회원 유공장 명예장 받음

2005년 12월 14일 손자 명희 明熙가 태어남

2006년 2월 21일 ~ 2010. 12.31일까지 울산동구문화원 고문

2006년 3월 20일부터 2006년 3월 22일까지 제13차 남북이산가족상봉 단장

2006년 4월 25일 제35회 전국소년체육대회 및 제26회 전국장애인체육대회 조직위원회 위원

2006년 9월 20일 수해 지원으로 강원도지사 감사패 받음

2006년 11월 28일 사학육성 공로 포상으로 사학법인연합회 연공상 수상

2007년부터 2008년까지, 2010년부터 2012년까지 울산광역시태권도협회 고문

2007년 3월 1일부터 2008년 2월 29일까지 울산대학교 겸임교수

2007년 4월 2일 지역사회 발전과 인도주의 정신 실천으로 울산광역시장 감사패 받음

2007년 4월 2일 울산지사 회장 재임 동안 인도주의 이념구현과 적십자사업 발전에 기여한 공으로 적십자광무장 금장 받음

2007년 5월 11일 간호사회의 사업과 활동에 성원으로 울산광역시 간호사회 회장 감사장 받음

2008년 1월 23일 적십자 인도주의 사업지원을 위한 적십자회비 납부로 대한적십자사 특별회원이

됨
2008년 9월 4일 손자 명진明賑이 태어남
2008년 12월 2일 조정을 통한 분쟁해결 기여로 법원 행정처장 감사장 받음
2009년 3월 1일부터 2011년 2월 28일까지 울산상공회의소 고문
2010년 10월 12일부터 2013년 5월 23일까지 학교법인 동신학원 이사
2011년 2월부터 동리목월문학관에서 시, 수필 강좌 수강
2011년 7월 1일부터 2013년 5월 23일까지 제8대 학교법인 동신학원 울산제일고등학교 이사장
2011년 8월 19일 울산대학교 대학원 졸업('콜버그의 도덕발달론 연구'란 논문으로 철학박사 학위 취득)
2013년 4월부터 박영식 선생의 시조 듣기 교실 수강
2013년 5월 11일 부산대학교 약학대학 제60주년을 맞아 약대 동문회 회장과 학장으로부터 제1회 자랑스러운 부산대학교 약학대학인 상 수상
2013년 5월 24일부터 2018년 2월 12일까지 아내 제9,10대 학교법인 동신학원 이사장
2014년 4월 민병도 선생을 만나 시조공부를 함
2014년 9월 24일 울산적십자사 명예의 전당 등재
2015년 7월 16일 매일신문사의 제1회 매일시니어문

학상 우수상(시조) 수상

2015년 9월 18일 대구일보사가 경상북도 관광산업 진흥을 위해 주최한 제6회 경북문화체험 전국 수필대회 은상 수상

2016년~2018년 외솔시조문학상 제정위원 및 운영위원

2016년 7월 26일 매일신문사의 제2회 매일시니어문학상 특선(수필) 수상

2017년 1월 20일 2017 국제신문 신춘문예 시조「과녁」당선

2017년 8월 15일 시조집『과녁』출간

2018년 3월 16일부터 현재까지 제11대 학교법인 동신학원 울산제일고등학교 이사장

현재 (사)한국시조시인협회 회원, (사)국제시조협회 회원, (사)한국문인협회 회원